Quiero agradecer y dedicar este cuento a mi hija Irene, a quien quiero con todo mi corazón.

Muchas tardes y noches jugamos a inventar historias y disfrutamos mucho de esos momentos juntas, entre risas y fantasía. Una de esas noches, antes de ir a dormir, inventamos un cuento muy bonito, tan bonito que no queríamos que terminara nunca. De ahí surgió la idea de escribir un cuento real y tangible, para que otros niños y niñas puedan disfrutar y sumergirse en cada una de sus páginas... Así que, esa misma noche, cogí papel y boli y me puse "manos a la obra", con la intención de plasmar en palabras algo tan bonito como aquella noche.

También quiero agradecer a Mar, Eva, Aitor y a todo el equipo de la editorial Apuleyo, su buen trato y su buen hacer desde el minuto uno, y por hacer este cuento realidad. Y, por supuesto, a mi amiga Victoria, por su apoyo incondicional.

Espero, sinceramente, que El botoncito de luz te llene de luz y de magia. Y como dice mi hija Irene: "Este cuento te hará brillar".

Leo tiene siete años, es un niño muy alegre y feliz, al que además de jugar con sus amigos y montar en bicicleta, también le gusta mucho pasar tiempo con sus padres y conversar.

Una noche dormía plácidamente, pues había tenido un día muy intenso y divertido, pero, de pronto, comenzó a dar vueltas en la cama y a moverse muy agitado, hasta que de repente... ¡zas! ¡Se despertó! ¡Había tenido una pesadilla!

—¡¡Papá, papá!! —gritó agitado—. ¡¡Mamá!! —insistió.

Sus padres, al oír sus gritos, se levantaron rápidamente de la cama y se sentaron junto a él, uno a cada lado.

—Creo que has tenido una pesadilla —le dijo su madre acariciándole el pelo.

Y hablaron un ratito sobre ello.

Después, Leo dijo:

—¿Podéis quedaros conmigo un poquito más y después dejarme una luz encendida?

-¿Una luz encendida? -le dijo su padre-. ¿Y por qué no enciendes la tuya?

-¿Qué? -contestó Leo, sorprendido.

En ese momento, sus padres decidieron desvelarle un valioso secreto.

-Verás, cariño, todos tenemos una lucecita dentro que nos hace brillar y sentirnos mucho mejor, esa lucecita está en nuestro interior y es capaz de iluminar nuestro camino, incluso en los momentos más sombríos. Nosotros lo llamamos "el botoncito de luz" y, al encenderlo, podemos encontrar claridad en medio de la oscuridad y así superar cualquier obstáculo y no solo eso, sino que, además, todo el que está contigo también pueden notarlo y encontrarse también mucho mejor. Así que si tienes miedo a la oscuridad, solo tienes que encender tu luz; tu luz interior porque "donde hay luz, no hay oscuridad".

Le explicó su padre mientras su madre apagaba la luz de su mesita de noche, sumergiendo la habitación en completa oscuridad. A pesar de ello, un suave resplandor de luz que se filtraba por la ventana dejaba entrever la silueta de su madre y esta continuó.

—Aunque la habitación está a oscuras, puedes llegar a entrever mi silueta, ¿verdad? ¿Ves mi mano cómo se mueve? —Leo asintió con la cabeza mientras sus ojos se iluminaban—. ¿Y sabes por qué puedes verlo? Por ese rayito de luz que entra por la ventana, "porque allí donde hay luz, la oscuridad desaparece".

—¡Es verdad! —dijo Leo, entusiasmado, mientras una suave sonrisa se dibujaba en su cara.

—Si estuviéramos realmente a oscuras, no lo podríamos ver, porque "donde hay luz, no hay oscuridad".

—¿Y dónde está ese ´´botoncito de luz``? ¿Cómo se enciende? —preguntó Leo, intrigado.

—Esa luz proviene de nuestro interior, de nuestra esencia, de nuestra fuerza y perseverancia, pero, sobre todo, de nuestro corazón. Y se enciende con el amor y con las buenas intenciones.

Leo miraba a sus padres con mucho interés y continuaron.

—Encender nuestro "botoncito de luz" es muy fácil, solo tienes que buscar dentro de ti, en tu corazón, y pensar en las cosas que te hacen sentir bien,

en aquello que te gusta y te hace sonreír, por ejemplo, leer un libro que te gusta, escuchar o cantar tu canción favorita, dibujar, colorear, bailar... Pero también cuando somos buenas personas, como por ejemplo, cuando ayudamos a los demás, cuando somos optimistas, cuando nos queremos y nos cuidamos a nosotros mismos, y también a los demás, cuando sonreímos, cuando agradecemos por todo lo que tenemos, cuando nos ponemos en el lugar de otros, en lugar de juzgarlos, cuando jugamos con un niño o una niña que está solo o sola, cuando sabemos perdonar, de verdad, desde el corazón, etc. Ahí, automáticamente, estamos encendiendo nuestro "botoncito de luz", y ya sabemos que "donde hay luz, no hay oscuridad".

—¡Wow! —exclamó Leo—. ¿Sabéis una cosa? Me siento mucho mejor. Creo que sin darme cuenta, he encendido mi "botoncito de luz".

Los tres sonrieron y se abrazaron. Y esa noche, Leo durmió como nunca.

A partir de entonces, cada noche, cuando la
oscuridad amenazaba con asustarlo, Leo cerraba
los ojos, respiraba profundamente y encendía su "botoncito de luz". Al instante podía sentir cómo su corazón se calmaba y
una cálida sensación de fuerza y valentía lo envolvía.

A medida que su luz interior brillaba, su habitación se llenaba de energía positiva y todo el miedo desaparecía. Se dio cuenta de que, al igual que su madre, él también podía moverse con confianza en medio de la oscuridad.

Leo aprendió a encender y a confiar en su "botoncito de luz" y a utilizarlo como una guía en las noches más sombrías y, sobre todo, a no temer a la oscuridad.

Compartió su secreto con sus amigos y familiares, les hablaba del poder infini-
to que habita dentro de cada uno de ellos, recordándoles que siempre encontrarán
la luz en su interior, sin importar lo densa que sea la noche o la oscuridad ex-
terna.

Así, el "botoncito de luz" se convirtió en un símbolo de esperanza para todos, un recordatorio de que, sin importar las circunstancias, siempre podemos encender nuestra propia luz y convertirla en un faro que ilumine nuestro camino hacia la felicidad y la valentía.

A la mañana siguiente, en el recreo, Leo vio a su amigo Pablo solo, en un banco, muy enfadado. Tenía el ceño fruncido y cara de pocos amigos, así que Leo, enseguida, se dio cuenta de que su "botoncito de luz" estaba apagado y se acercó a él.

-Hola, Pablo, ¿puedo ayudarte en algo? -preguntó.

-¡¡NO!! -respondió rápidamente Pablo cruzando los brazos.

-Vale, cuando estés mejor, si te apetece, estaré cerca de la fuente -respondió Leo, prudente.

Pablo se sorprendió bastante por la respuesta de Leo, que en vez de contestarle enfadado, o de irse directamente sin decirle nada, había sido amable y, además, se preocupó por él y eso le hizo sentir bien.

Así que esperó unos minutos y al ratito
fue hacia la fuente y se acercó a Leo.

-Hola, Pablo, parece que ya estás mejor, ¿has encendido tu "botoncito de luz"? -le preguntó.

-¿Qué? -dijo Pablo muy extrañado.

-Mis padres dicen que todos tenemos una lucecita dentro que nos hace brillar y
también que nos sintamos mucho mejor, ellos lo llaman "el botoncito de luz" y
está en el corazón.

Y mientras Leo le contaba a Pablo todo lo aprendido aquella noche, Pablo se sentía cada vez mejor, hasta sonreía y todo, se le había pasado el enfado que tenía con Nicolás, porque se le había adelantado en el gimnasio y había cogido su balón favorito.

Así que pensó que la próxima vez que se le adelantaran en el gimnasio, no se iba a enfadar, porque hay muchos más balones, además, así cambia.

Leo había ayudado a Pablo a encender su "botoncito de luz". Desde aquel día se hicieron grandes amigos y fueron ayudando y compartiendo este mensaje a todos los niños y niñas.

Así, pronto el patio de la escuela se llenó de risas y humor, juegos, alegría y respeto hacia los demás. Y, poco a poco, se fue extendiendo la voz hasta llegar a todos los pueblos y ciudades y a todo el mundo, iluminando el planeta con la luz que iban encendiendo cada uno de sus habitantes, haciendo de este mundo un lugar mejor, un lugar de amor, de paz, de respeto y tolerancia por uno mismo y por los demás, lleno de luz, de gente empática, alegre y optimista, con un ardiente deseo de vivir pero, sobre todo, de vivir todos unidos y en paz.

Gracias al "botoncito de luz", ahora se encontraba una chispa de luz y esperanza para todos los que estamos y los que vendrán.

Porque ahora ya sabemos que:

"DONDE HAY LUZ, NO HAY OSCURIDAD".

Y tú, ¿has encendido tu "botoncito de luz"?

© María Pilar Ladrón Martínez (de la obra)
©Apuleyo Ediciones (de esta edición)
Primera edición en Apuleyo Ediciones: enero 2024
Diseño de cubierta: Sofía Corzo González
Corrección: Aitor Andreu Guerrero
Maquetación: Alejandro Bermejo Cercas
Ilustraciones: Bárbara M
Coordinación editorial: Isidoro Cidre González
info@apuleyoediciones.com
www.apuleyoediciones.com
ISBN: 978-84-10068-49-0
Depósito legal: H 561-2023

Hecho e impreso en España.

El botoncito de luz

APULEYO EDICIONES   FOMENTO DE VALORES   CUENTOS ILUSTRADOS

María Pilar Ladrón Martínez

APULEYO EDICIONES · FOMENTO DE VALORES · CUENTOS ILUSTRADOS